AF246179

MÉMOIRE.

UNE résolution du conseil des cinq cents du 14 prairial an 4, porte « que l'assiéte et répar-
» tition des contributions dans la Commune de
» Paris, sont déclarées un objet indivisible.

» Que cette partie sera administrée par le
» Bureau central du Canton de Paris, confor-
» mément à l'article 184 de la Constitution et
» en la manière indiquée par les articles X, XI
» et XII de la loi du 21 fructidor an 2 ».

Le Conseil des Anciens, sur le rapport du re-
présentant du Peuple Le Grand, a rejetté cette résolution.

Ce rejet est fondé 1° sur ce que l'attribution de cette branche d'administration au Bureau central est contraire à l'esprit et à la lettre de la Constitution, et à la loi du 21 fructidor qui l'ont précisément déférée aux administrations départe-mentales.

2°. Sur ce qu'un travail aussi considérable que celui de répartir l'impôt dans une commune auss populeuse que Paris, ainsi que de prononcer sur 40 ou 50,000 réclamations auxquelles il peut donner lieu, ne peut être aussi promptement et

A

aussi bien fait par trois membres qui composent le Bureau central, que par l'administration de département aidée de douze Municipalités.

Il est possible sans doute que cette branche d'administration réunie au bureau central, achéve d'excéder les forces des trois membres qui le composent, aussi ce n'étoit pas cette réunion que demandoit le Directoire exécutif dans son message, il demandoit un bureau central pour l'adminis-tration des contributions dans la commune de Paris; cet établissement peut seul concilier le bien et l'intérêt public avec les moyens d'admi-nistrer, et nous espérons parvenir à le démontrer.

Mais avant d'en venir à ce dernier point, il est essentiel d'établir les principes sur lesquels il est fondé.

Ces principes reposent sur deux questions simples.

L'administration des Contributions directes à Paris, doit-elle être un objet indivisible?

La Constitution et la loi du 21 fructidor s'op-pesent-elles à son indivision?

Si l'affirmative de la première, si la négative de la seconde sont prouvées; alors la difficulté ne roulera plus que sur les moyens administra-tifs, et puisque l'emploi de ces moyens deviendra une conséquence nécessaire des principes établis ; il faudra bien parvenir à les déterminer.

C'est en partie même, dans les motifs du rejet de la résolution que se trouve la preuve de la nécessité de rendre indivisible l'administration des Contributions de Paris.

C'est à raison de l'immense population de cette Commune et du grand nombre de ses administrations municipales que cette indivision est indispensable.

Au soutien de cette vérité on invoquera les faits et l'expérience.

Long-temps avant l'année 1786, les Impositions à Paris étoient réparties par les receveurs des six arrondissemens de cette commune.

L'incohérence de leur travail ; l'esprit individuellement systèmatique qui les dominoit, le retard apporté dans l'émission des rôles de certains arrondissemens, tandis que ceux des autres étoient en recouvremens ; enfin la désunion d'idées dans la réception et l'emploi des déclarations dans les renseignemens, dans le mode d'opérer, dans le recouvrement ; le défaut d'uniformité dans la comptabilité, déterminèrent le Gouvernement d'alors à centraliser cette branche d'administration, en créant une Direction des Impositions, avec laquelle l'harmonie s'établit et se soutient constamment dans toutes les parties.

A l'époque de la révolution, la même administration centrale fut conservée sous le titre de Commission Municipale des Contributions.

Cette administration fut ensuite, par un arrêté du Département de Paris, du 27 mars 1792, réunie à l'administration municipale des Domaines et Finances.

Cet arrêté est d'autant plus remarquable, que par la loi du 27 juin 1790, titre IV, art. II, les commissaires des Sections de Paris pouvoient être chargés par l'administration du Département de la répartition des impôts dans leurs Sections respectives.

Cependant l'administration du Département sentit combien il auroit été dangereux d'établir 48 administrations, asseyant et répartissant l'impôt chacune à leur manière, chacune dans un temps différent, et elle se garda bien d'user de cette faculté.

Après le 9 thermidor, et tandis que différentes branches de l'administration municipale étoient rendues aux Comités des 48 Sections, la Convention nationale convaincue de la nécessité de ne point déchirer l'administration des contribu-

tions, créa, par ses loix des 24 fructidor an 2,
et 23 frimaire an 3, une Commission spéciale-
ment chargée de cette partie, avec les mêmes
attributions que celles des administrations de districts.

Les mêmes inconvénients qui se seroient ren-
contrés dans les 48 administrations, se rencontre-
ront aujourd'hui dans douze.

En effet, il est constant que malgré les instructions fournies par le ministre sur l'assiette et
répartition des Contributions, il n'est pas deux
départemens dans la République, il n'est pas deux
Communes dans le même département qui ayent
agi, et qui agissent sur des bâses et des principes
uniformes; il en sera de même des douze administrations municipales de Paris, et l'on sera tout
étonné de voir dans une même Commune, douze
rôles dissemblables, incohérens et formés d'après
les systémes particuliers de chaque administration,
et dans des tems différens.

La fréquence des déménagemens sera une sour-
ce de difficultés, et fera perdre une partie de
l'impôt, parce que chaque administration municipale, ne connoissant point les renseignemens
existans sur les autres, connoîtra difficilement si
un contribuable doit ou non des cottes arriérées,

tandis que dans un bureau central une simple recherche l'apprend sur le champ.

Ces mêmes administrations n'auront d'ailleurs aucunes données pour faire un bon travail.

L'administration centrale des Contributions opère d'après une succession de renseignemens sur les propriétés, les *demeures* et facultés des individus, acquise depuis plus de dix ans; les déclarations faites en 1791 et 92 pour les Contributions foncière et mobiliaire; celles pour l'emprunt forcé de 1793; les documens résultans des demandes en dégrèvement, sont concentrées dans ses dépôts; tous les jours elle est à portée de les mettre à profit, quelque soient les changemens de demeure des contribuables; à l'aide de ces renseignemens, aucune partie de l'impôt ne peut échapper, fut-elle arriérée de dix ans; enfin nulle part ailleurs ne se rencontrera la connoissance des lois et réglemens en cette partie, à l'étude desquels personne ne s'adonne, s'il n'y est obligé par devoir. Quel sera le travail de douze administrations sans instructions, sans connaissance de cette partie de la législation, sans renseignemens ni matériaux?

Comment seront faits les taxes et les rôles suppletifs, malheureusement indispensables dans une immense population, et à l'aide desquels beaucoup de contribuables échapperoient aux cottes arriérées qu'ils doivent, si les renseignemens n'étaient pas concentrés.

Aujourd'hui encore les instructions fur la perception et fur la comptabilité, partent toujours simultanément et uniformément pour les percepteurs; l'emprunt forcé de l'an 4, en donne un exemple bien utile, puisque malgré les variations multipliées qu'a éprouvé le mode de fa perception, il n'y a jamais eu un instant de retard, jamais une difparité dans la manière de percevoir. Où feroit cette uniformité avec douze Administrations?

Mais c'est fur-tout en ce qui touche le contentieux des contributions, que la néceflité de centralifer cette Administration fe démontre. Si sous ce rapport, le même efprit n'anime point les juges, si des syftèmes et une jurifprudence différens les dirigent, on verra les contribuables à Paris, soumis à douze manières dissemblables de juger les demandes en dégrèvement, et quelle lenteur n'éprouvera point cette partie délicate avec douze Administrations occupées d'ailleurs d'une foule d'objets différens et urgens.

Ainsi la célérité du travail, son uniformité,

A 4

l'émission simultanée des rôles, l'harmonie parfaite de la perception et de la comptabilité, l'emploi des renseignemens acquis par dix années de travail, la conformité des jugemens en matière contentieuse sont impossibles, avec douze Administrations féparées, livrées à des travaux de tout genre qui abforbent tout le temps des administrateurs ; ces avantages ne peuvent fe rencontrer que dans une Administration centrale. Plus la population de Paris est grande, plus ce centre est nécessaire pour le bien du fervice.

Maintenant la Constitution et la loi du 2 ѵ fructidor an 3, s'oppofent-elles à ce que l'assiette et répartition des contributions de Paris, soient un objet indivisible ?

Nous disons *non*; en effet le titre II de la Constitution ne porte nulle part que les Administrations départementales, seront seules chargées de l'assiette et répartition, l'article 3 1 1 porte au contraire que les Administrations de départemens *et les municipalités* ne peuvent faire aucune répartition au-delà des sommes fixées par le Corps-Législatif. Les administrations municipales concourent donc à la répartition, les Administrations départementales n'en font donc pas exclusivement chargées. Elles n'ont que la répartition générale entre les cantons.

Ainsi, ce n'est pas l'attribution aux Administrations départementales, de l'assiette et répartition des contributions qui doit empêcher l'établissement de l'Administration centrale de cette partie à Paris, *puisque cette attribution n'existe point.*

La loi du 21 fructidor, qui a encore été ragardée comme attributive de cette fonction aux administrations départementales exclusivement, conduit à des conséquences précisément contraires; en effet il y est dit, article 19,

» Que les administrations municipales de
» cantons *ou autres*, connaîtront, 1°. des objets
» précédemment attribués aux municipalités, 2°.
» de ceux qui appartiennent à l'Administration
» générale, *et que la loi attribuait aux dis-*
» *tricts* ».

Or la loi attribuait aux municipalités et aux districts, chacun pour ce qui les concernait, l'assiette et répartition des contributions et la connaissance du contentieux en première instance.

Donc encore une fois l'administration départementale n'est point exclusivement chargée de cette partie administrative, elle en est au contraire exclue, excepté quant à la répartition générale, et aux jugemens sur appel.

Il est donc encore évident que dans les motifs du rejet de la résolution, il y a une erreur de fait, ou au moins de citation.

Il est vrai en effet que la loi du 2 thermidor an 3, portant établissement de la contribution foncière, attribuait aux administrations départementales exclusivement, la connaissance des contestations sur les contributions. Mais il est vrai aussi que la loi du 2 thermidor est antérieure à l'émission de la Constitution; il est de fait au contraire que la loi du 21 fructidor dernier est une loi organique de la constitution.

Or cette dernière loi admet les administrations municipales, à l'exercice des fonctions précédemment attribuées aux administrations de districts; elle les admet donc à l'assiette et répartition, et au contentieux des contributions, elle les en charge comme en étaient chargées les administrations de districts; donc l'administration départementale n'a que la surveillance.

Aussi le Conseil des Cinq-Cents, en prenant la résolution rejettée, s'est-il fondé sur cette loi du 21 fructidor dernier, pour attribuer au bureau central les fonctions que cette loi donne aux administrations municipales à l'instar de celles dont étaient chargées les administrations de districts.

Mais si d'une part il est constant que les administrations municipales font seules chargées de l'assiette et répartition des contributions quant aux détails et du contentieux en première instance, conformément à la loi du 21 fructidor dernier.

Si d'un autre côté, il est demontré qu'à Paris, l'assiette et répartition des contributions doivent rester indivisibles, cette portion d'administration ne peut être confiée qu'à un bureau central chargé des mêmes attributions que celles accordées aux administrations municipales de cantons, par la loi du 21 fructidor dernier.

Reste à examiner si les moyens d'administrations sont aussi impossibles qu'ils font énoncés l'être dans les motifs du rejet de la résolution.

Sans contredit, le bureau central du canton de Paris, ayant l'administration de la police et des subsistances, non-seulement fous le rapport de la surveillance, quant à ce dernier objet, mais encore fous le rapport de l'approvisionnement matériel, est déjà furchargé de travail ; et si des chefs de bureaux n'étaient point délégués aux signatures pour les objets peu importans, les trois membres qui compofent ce bureau, ne fuffiraient pas, nous ne difons pas à entendre et à lire ; mais même à signer : s'ils avaient encore à connaître et à prononcer seuls dans la partie des contributions, toutes les forces humaines des administrateurs, seraient incapables de suffire à ce travail.

Que conclure cependant de ces données.

Si l'administration des contributions est nécessairement indivisible, si la Constitution et les lois existantes ne s'oppofent point à ce qu'elle foit régie par une administration centrale, faut il dissoudre et annihiler l'impôt à Paris parce qu'il n'y a pas assez d'administrateurs au bureau central ? Et ne serait-ce pas faire un mal, de crainte d'employer quelques perfonnes de plus à faire le bien ?

Cette crainte paroit résulter des dispositions de l'article 184 de la Constitution.

Il porte, « il y a dans les communes, divisées » en plusieurs municipalités, un bureau central » pour les objets jugés indivisibles par le corps » législatif.

» Ce bureau est composé de trois membres,
» nommés par l'administration de département,
» et confirmé par le pouvoir exécutif.

Il paroit que des dispositions de cet article,
on a induit généralement, et sans exception,
qu'il ne pouvoit y avoir qu'un bureau central
par commune ;

Et que ce bureau central ne pouvoit être
composé que de trois membres.

Mais si un bureau central suffit à Rouen, à
Lille, à Marseille, à Strasbourg, si trois membres peuvent en exercer toutes les fonctions, un
seul bureau suffit-il à Paris, où la population
et les détails d'une police qui se ramifie dans
toute la République, même à l'étranger, occu-
percient seuls tout le temps et les facultés de
trois administrateurs.

On ne peut pas croire que la Constitution
ait voulu ranger sur la même ligne une commune de vingt mille ames, et une autre de six-
cent mille. Aussi l'article 184 de la Constitution
paroit-il laisser, à cet égard, une grande latitude.

En effet, il ne dit point qu'il y aura un seul
bureau central pour les objets jugés indivisibles,
mais seulement qu'il y aura un bureau central.

On peut donc en conclure que le corps législatif

peut établir ou un seul bureau central pour tous les objets jugés indivisibles, ou un bureau central par chaque objet indivisible; c'est ici un pouvoir facultatif modifié sur la population, les circonstances et les localités.

Cette dernière mesure paroit d'autant plus utile, que dans tous les temps l'administration des Contributions de Paris sera entière et agissante qu'un centre spécial, pour cet objet donnera toujours à ses opérations, une marche infiniment plus rapide que des administrations dont les travaux sont variés et multipliés; que le moment est arrivé où les contributions feront la principale branche des revenus de l'état, devront par conséquent être administrées avec tout l'aplomb nécessaire pour en tirer tout le produit qu'on doit en attendre, et qu'à cet égard Paris devra donner l'exemple à toute la république; qu'enfin cet établissement tend à la plus grande économie parce qu'une administration concentrée travaillé toujours à bien moins de frais que ne le feroient douze administrations distinctes, pour lesquelles le travail des Contributions seroit une nouveauté.

Et qu'on observe que ce n'est point ici un nouvel établissement qu'on demande. Il existe, et il existe en vertu d'une loi reconnue nécessaire par la Convention nationale ; il existe depuis onze ans, parce que sa nécessité a été reconne.

Mais si décidément on estimoit, d'après la lettre de la Constitution, qu'il ne peut y avoir qu'un seul bureau central à Paris chargé de tous les objets indivisibles ; il semble que par une loi organique, il pourroit être établi, dans ce bureau central, plusieurs sections composées chacunes de trois membres, entre lesquelles seroient partagées et démarquées les attributions confiées au bureau central entier.

Déjà même cette division existe dans le bureau central actuel, car l'administrateur chargé de la partie des approvisionnemens, est presque totalement étranger à la police.

Par-là on se rapprocheroit du vœu de la Constitution, en supposant qu'elle n'ait voulu qu'un seul bureau central ; par-là le nombre des administrateurs, déjà notoirement trop foible dans l'état actuel des choses, seroit proportionné à la population et à l'étendue de leurs fonctions ; par-là enfin, on ne verroit pas, par une singularité assez étrange, un bureau central de trois membres à Paris, lorsque celui de Marseille, par exemple, n'est également composé que de trois membres.

Cette mesure, on le répéte, tient à une loi purement organique, qui n'est point hors du pouvoir du Corps législatif.

Mais l'établissement d'un bureau central séparé auroit infiniment moins d'inconvéniens, et la Constitution ne paroit point s'y opposer.

Les législateurs peuvent se pénétrer d'une vérité bien constante, c'est que le moment où l'administration de l'impôt sera divisée à Paris, l'impôt est perdu ou tombera dans un arbitraire révoltant, si la division en est ordonnée. Un an ne s'écoulera pas sans qu'on soit obligé de la centraliser de nouveau; mais rien ne réparera les maux causés par le déchirement qui aura été opéré.

Cette vérité une fois bien reconnue les moyens d'administration paroissent seuls devoir occuper le Gouvernement, sous le rapport de leur rapprochement avec la Constitution; ceux que nous avons proposés semblent concilier toutes les difficultés.

Messidor, an IV.